KB220970

헌신자와 구도자들은

이 귀중한 책으로부터 거대한 영적 유익을

끄집어낼 수 있을 것이다.

슈리 크리슈나다스 아쉬람

THE SONG CELESTIAL
verses from SRI BHAGAVAD GITA
Selected & Reset by
BHAGAVAN SRI RAMANA MAHARSHI

Published by
V.S. Ramanan
President, Sri Ramanasramam
Tiruvannamalai 606 603
Tamil Nadu, INDIA

천상의 노래

바가바드 기따의 정수

라마나 마하리쉬 선별 엮음 / **김병채** 옮김

🕉 슈리 크리슈나다스 아쉬람

편집자의 말

헌신자의 요청으로

바가반 슈리 라마나 마하리쉬는

깨달음을 갈구하는

진지한 구도자들을 돕기 위하여

전체 바가바드 기따로부터 42 노래를 선별하였다.

1940년 슈리 라마나스라맘은

첫 번째 영어판을 출간하였으며

1946년에 두 번째 판을 출간하였다.

마하리쉬는 출간 전에

그의 보통의 세심한 모습대로

영어 번역본을 꼼꼼하게 읽었다.

단야바다하

아호 바기얌 뿌라 기땀

요와닷쯔리빠띠히 스와얌

아디야 슈리 라마노 부뜨와

기따사람 다다우 사 나하

—

신 그 자신께서 노래한 오래된 기따가

이제 슈리 라마나로서의 신에 의해

그 정수가 주어지고 있다.

영광이 있길!

슈리 기따사라하

빠르따사라띠루뻬나

슈라바이뜨와 슈왐 기람

뻐르따시야르띠하로 데바하

끄르빠무르띠히 사빠뚜나하

–

바가바드 기따의 정수

그분의 전차를 모는 연민의 신께서

아르주나에게 상서로운 말씀을 해주심으로

그의 슬픔을 없애 주셨듯이,

그분께서 우리 모두를 보호하소서!

산자야 우와짜

1

땀 따따 끄리빠야비슈땀

아쉬루뿌르나꿀렉샤남

위쉬단땀 이담 와끼얌

우와짜 마두수다나하

산자야[1]가 말했다.

1

연민으로 압도당하였고

눈이 눈물로 가득 고였으며,

낙담하고 있는

아르주나에게

마두수다나는 이렇게 말했습니다.

(2.1)

---

1 (옮긴이 주) 산자야는 눈먼 왕 드리따라슈뜨라의 시종이며, 예지력 있는 시각을 통해 마하바라따 전쟁의 사건을 이야기해준다.

슈리 바가반 우와짜

2

이담 샤리람 까운떼야

끄세뜨람 이띠 아비디야떼

에따됴 벳띠 땀 쁘라후후

끄세뜨라갸 이띠 따드위다흐

신께서 말씀하셨다.

2

오, 꾼띠의 아들[2]이여!

이 몸[3]을 들(끄세뜨라)[4]이라 하며,

들을 자각하는 자를

들을 아는 자(끄세뜨라갸)라고 한다.

(13.1)

---

2 (옮긴이 주) 마하바라따의 위대한 궁수이자 영웅, 아르주나
3 (옮긴이 주) 신체의, 마음의 그리고 원인의 몸
4 (옮긴이 주) 쁘라끄리띠, 모든 괄호 안의 것은 옮긴이가 추가한 것임.

3

끄세뜨란걈 짜삐 맘 윗디

사르와 끄세뜨레슈 바라따

끄세뜨라끄세뜨라갸요르

갸남 얏따 갸남 마땀 마마

3

나를

모든 들을 아는 자로 알라.

오, 바라따여!

들과 들을 아는 자에 대한 지식을

나는

진정한 지식이라고 여긴다.

(13.2)

4

아함 아뜨마 구다께샤

사르와 부따샤야스띠따흐

아함 아디쉬 짜 마디얌 짜

부따남 안따 에와 짜

4 [5]

오, 구다께사여!
나는 모든 존재의 가슴에
자리하고 있는
참나이다.
나는 모든 존재의
시작, 중간 그리고 끝이다.

(10.20)

---

5 바가반께서는 이 노래를 바가바드 기따에서 가장 중요하다고 하였다.

5

자따시야 히 드루오 므리뜌르

드루왐 잔마 므리따시야 짜

따스마드 아빠리하르예르테

나 뜨왐 소찌뚬 아르하시

5

태어난 누구나

죽음을 피할 수 없으며

죽은 누구나

태어남을 피할 수 없다.

그러므로 그대는

피할 수 없는 것에 대하여

슬퍼하지 말라.

(2.27)

6

나 자야떼 므리야떼 와 까다찐

나얌 부뜨와 바위따 와 나 부야흐

아조 니띠야하 샤스와또얌 쁘라노

나 한야떼 한야마네 샤리레

6

참나는 결코 태어나지 않으며

죽지도 않는다.

참나는 태어난 후에 존재한 것이 아니다.

참나는 태어나지 않으며,

영원하며 영속하며

태초의 것이다.

비록 몸이 죽더라도

참나는 죽지 않는다.

(2.20)

7

앗쩨됴얌 아다효얌

아끌레됴쇼쉬야 에와 짜

니띠야흐 사르와가따흐 스따누르

아짤로얌 사나따나흐

7

참나는
칼과 불의 힘 너머에 있으며
물과 바람의 힘 너머에 있다.
그것은 영원하며
모든 곳에 있으며
무엇으로도 영향을 받지 않으며
움직이지 않으며
늘 같은 채로 있다.

(2.24)

8

아위나시 뚜 따드 잇디

예나 사르왐 이담 따땀

비나샴 아위야야시야시야

나 까쉬찟 까르뚬 아르하띠

8

이 거대한 우주에 퍼져 있는

그것만이

파괴될 수 없다는 것을 알라.

그 어떤 힘도

변하지 않으며

불멸로 있는 그것을

파괴할 수 없다.

(2.17)

9

나사또 위드야떼 와오

나와오 위드야떼 사따하

우와요르 아삐 드리슈똔따스

뜨와나요스 땃뜨와다르쉬비흐

9

진리를 본 현자들은

비실재(보이는 세상, 마야, 허상)는

존재하지 않고 있으며(일시적으로 존재하며)

(존재, 실상인) 실재는

항상 존재하고 있다는 것을 알았다.

(2.16)

10

야따 사르와가땀 사우끄슈미야드

아까샴 노빨리삐야떼

사르와뜨라와스띠또 데헤

따따뜨마 노빨리삐야떼

10

공간이

모든 곳에 있지만

오염되지 않고 있듯이

참나는

모든 몸에 있지만

어떤 것으로도

더럽혀지지 않는다.

(13.32)

11

나 따드 바사야떼 수르요

나 사상꼬 나 빠와까흐

야드 가뜨와 나 니와르딴떼

땃다마 빠라맘 마마

11

태양도, 달도, 불조차도

스스로 빛나는

이 지고한 상태(브람만의 빛)를

빛나게 하지 못한다.

그곳(이원성의 여지가 없는 곳)으로 간 현자들은

결코 이 세상으로

돌아오지 않는다.

(마치 강이 바다에 이르듯이)

그것이 나의 지고한 거처이다.

(15.6)

12

아비약또 악라 이띠 육따스

땀 아후후 빠라맘 가띰

얌 쁘라삐야 나 니와르딴떼

땃다마 빠라맘 마마

12

나타나지 않고 있는 것[6]

불멸로 있는 것[7]을

지고한 목표라고 한다.

이것이 나의 지고한 거처이다.

그것에 이른 요기들은

이 필멸의 세상으로

돌아오지 않는다.

(8.21)

---

6 감각으로는 지각되지 않는
7 (옮긴이 주) 모두를 관통하면서 모든 곳에 퍼져 있는

13

니르마나모하 지따샹가도샤

아디야뜨마니띠야 위니브릿따까마하

드완드와이르 비묵따 수까두까 샴가야야이르

잣짠띠 아무다하 빠담아비야얌 땃

13

자만심과 미혹이 없으며

집착이라는 악을 정복하였으며

신과 늘 하나로 있으며

갈망들이 완전히 그쳤으며

기쁨과 고통 같은 이원성 너머에 있는

현명한 사람들은

그 지고한 불멸의 상태에 이른다.

(15.5)

14

야흐 사스뜨라비딤 우뜨스리지야

와르따떼 까마까라따흐

나 사 싯딤 아밥노띠

나 수깜 나 빠람 가띰

14

경전의 도덕적 가르침을 따르지 않고

오로지 (이기적) 욕망의 충동을 따라

행위하는 사람은

(정화를 통해서 오는) 완성에도

천상의 행복한 상태에도

(신과 하나가 되는) 해방에도 이르지 못한다.

(16.23)

15

사맘 사르에슈 부떼슈

띠슈딴땀 빠람에슈와람

비나슈야뜨스브 아비나슈얀땀

야흐 빠슈야띠 사 빠슈야띠

15

지고한 신[8]이

모든 존재에 동등하게 있으며

죽어가는 것들 가운데

파괴될 수 없는 것으로

영원히 있는 것을

보는 사람이

진정으로 보는 자이다.

(13,27)

---

8 (옮긴이 주) 삿 즉 존재, 칫 즉 의식, 아난다 즉 희열로 있는

16

박띠야 뜨와난야야 사끼야

아함 에왐비됴르주나

갸뚬 드라슈뚬 짜 땃뜨웨나

쁘라에슈뚬 짜 빠람따빠

16

오, 아르주나여!

빗나가지 않는 일 점 지향의 헌신으로

사람들은 나를 볼 수 있고

나를 알 수 있고,

나 안(단일성의 경험)으로 들어올 수 있다.

오, 적들을 괴롭히는 자여[9]!

(11.54)

---

9 따밀어 utta mane는 최고의 사람이라는 의미이다. 바가반께서는 정확한 운보를 맞추기 위하여 원래
   의 산스끄리뜨를 조금 변경하였다.

17

삿뜨와누루빠 사르바시야

슈랏다 바와띠 바라따

슈랏다마요얌 뿌루쇼

요 얏쯔랏다흐 사 에와 사흐

17

각 사람의 (구나들로 된) 믿음은

자신의 마음의 기질(바사나)과 일치한다.

오, 바라따여!

사람의 핵심은 믿음이다.

가지고 있는 믿음이

바로 그 사람이다.

(17.3)

18

슈랏다밤라바떼 갸남

땃빠라흐 삼야뗀드리야흐

갸남 랍드와 빠람 샨띰

아찌레나디갓짜띠

18

감각을 정복한 사람이

진지하고

성실하게

요가를 수행하면

(참나에 대한) 지식을 얻는다.

(참나의 희열을 맛본 사람은

모든 대상들에 대한 맛을 잃는다.)

(4.39)

19

떼샴 사따따육따남

바자땀 쁘리띠뿌르와깜

다다미 붓디요감 땀

예나 맘 우빠얀띠 떼

19

늘 나를 생각하며

사랑으로 나를

숭배하는 사람들에게

나는 지성[10]의 선물을 준다.

이것으로

그들은 나에게로 가까이 온다.

(10.10)

10 붓디, 비전, 옳고 그름, 진실과 거짓 그리고 실재와 비실재를 구별하여 아는 지식.

20

떼샴 에와누깜빠르땀

아함 아갸나잠 따마흐

나샤야미 아뜨마바바와스또

갸나디뻬나 바스와따

20

그들에 대한 자비로

그들의 가슴(참나)에 머물고 있는

나는

빛나는 지식의 불로

무지에서 생긴

그들의 어두움을 없앤다.

(10,11)

21

갸네나 뚜 땃 아갸남

예샴 나쉬땀 아뜨마나흐

떼샴 아디띠야와즈 갸남

쁘라꺄샤야띠 땃 빠람

21

무지[11]는

안에서 빛을 발하고 있는

참나의 빛으로 소멸된다.

무지가 사라지면

(행위를 하지 않고 있는)

신(지고한 브람만, 절대자, 참나)만이

찬란하게 빛난다.

(5.16)

---

11 (옮긴이 주) 자신을 몸으로 보는, 마야 혹은 바사나들

22

인드리야니 빠라니 아후르

인드리예비야하 빠람 마나흐

마나사수 뚜 빠라 붓디르

요 붓데헤 빠라따스 뚜 사흐

22

감각들이 (몸보다) 더 우수하고 (빠르고)

마음이 감각들보다 더 우수하고

마음보다 더 우수한 것이

지성이라고 말한다.

그러나 참나가

지성보다 더 우수하다.

(3.42)

23

에왐 붓데헤 빠람 붓드와

삼스따비야뜨마남 아뜨마나

자히 샤뜨룸 마하바호

까마루빰 두라사담

23

오, 힘이 센 자여!

참나가 지성 너머에 있으며

더 강하다는 것을 알았으니

낮은 마음을

높은 마음인 참나로 정지시켜야 한다.

그래서 정복하기 너무나 어려운

(이기적) 욕망의 모습을 하고 있는 적을 없애라.

(3.43)

24

야따이담시 사밋도그니르

바스마삿 꾸루떼르주나

갸나그니히 사르와 까르마니

바스마삿 꾸루떼 따따

24

타는 장작의 불이

모든 장작을 재로 타버리게 하듯이,

(우주적 불이

모든 바닷물을 증발시켜버리듯이)

오, 아르주나여!

참나 지식의 불은

모든 (세) 까르마들을

재로 태워버린다.

(4.37)

25

야시야 사르웨 사마람바흐

까마샹깔빠 와르지따흐

갸나그니 다그다 까르마남

땀 아후후 빤디땀 부다흐

25

참나 지식을 가진 사람들은

일을 (이기적) 욕망이 없이 하며

모든 행위가

지식의 불로 타버렸다.

현자들은

이들을

지식을 가졌다고 말한다.

(4.19)

26

까마 끄로다 비육따남

야띠남 야따쩨따삼

아비또 브람마니르와남

바르따떼 위디따뜨마남

26

(이기적) 욕망과 분노가 없으며

마음이 완벽한 통제 아래에 있으며

참나를 깨달은

자기가 통제된 사람(야띠, 산야신)에게

영원한 평화의 거처인 브람만이

주변 일대에 있다.

(혹은 그들 안으로부터 퍼져 나온다)

(5.26)

27

사나이흐 샤나이르 우빠라메드

붓디야 드르띠그르히따야

아뜨마삼스땀 마나흐 끄르뜨바

나 낀찌드 아삐 찐따옛

27

명상자는 점진적인 수행으로

평화를 얻어야 한다.

용기를 가지고

지성을 확고히 한 채

마음을 참나로 향하게 해야 한다.

그리고는 그는 그 어떤 것도

생각하지 않아야 한다.

(6.25)

28

야또 야또 니슈짜라띠

마나쉬 짠짤람 아스띠람

따따스따또 니얌야이따뜨

아뜨만예와 와샴 나에뜨

28

변덕스럽고 불안정한 마음이

바깥에서 만족을 찾으려

감각 기관들의 각 문을 통하여 달려나간다.

그럴 때마다

그것을 다시 안으로 데려와

참나에 있도록 늘 훈련해야 한다.

(6.26)

29

야뗀드리야 마노붓디르

무니르 목샤 빠라야나흐

비가뗏짜 바야 끄로도

야하 사따 묵따 에와 사흐

29

감각 기관, 마음, 그리고 지성을 통제하였고(명상)

해방이 자신의 삶의 유일한 목표이고

(이기적) 욕망, 두려움 및 분노가

영원히 사라진 사람[12]은

해방(브람만, 사마디)을 확실히 경험한다[13].

(5.28)

---

12 (옮긴이 주) 이런 것들이 있을 때 마음은 동요한다. 이러한 것들이 없을 때 마음의 완전한 평화를 즐긴다.

13 (옮긴이 주) 5장 27절에 이전의 과정을 설명하고 있다. 즉, 모든 외부 감각 대상들로부터 주의를 거두어들이고〈쁘라띠야하라〉, 콧구멍을 통하여 들어오고 나가는 호흡을 고르게 하고〈쁘라나야마〉 (영적 자각의 중심인) 미간의 공간에 집중하고〈집중〉

30

사르와 붓따 스땀 아뜨마남

사르와 붓따니 짜뜨마니

익샤떼 요가육따뜨마

사르와뜨라 사마 다르샤나흐

30

참나를 깨달은 요기는

(모든 곳에 퍼져 있으며 무한한 의식과 하나가 된 요기는)

직관의 눈으로

모든 존재 안에 나를

나 안에 모든 존재가 있음을 보기 시작한다.

정말이지 그는 모든 곳에서

나를 보기 시작한다.

(6.29)

31

아난야쉬 찐따얀또 맘

예 자나흐 빠리유빠사떼

떼샴 니띠야비육따남

요가끄세맘 바함 야함

31

다른 무엇을 사랑하지 않고

나를 항상 생각하고

일 점 지향의 헌신으로

나를 숭배하는 헌신자들에게

나는 그들이 필요로 하는 모든 것을 가져다주고

그들의 요가 수행의 성취를 충족시켜준다.

(9.22)

32

떼샴 갸니 니띠야 육따

에까박띠르 이쉬슈야떼

쁘리요 히 갸니노띠야르땀

아함 사 짜 마마 쁘리야흐

32

이들[14] 중 최고는

참나에 대한 지식을 가진

현자들이다.

그들은 늘 나와 하나로 있으며

일 점 지향의 헌신을 한다.

현자는 나를 지극히 사랑하며

나도 그를 지극히 사랑한다.

(7.17)

---

14 (옮긴이 주) 네 유형 즉 곤경에 처한, 지식을 찾는, 부를 찾는, 참나를 깨달은 현자

33

바후남 잔마남 안떼

갸나완 맘 쁘라빠디야떼

바수데와하 사르밤 이띠

사 마하뜨마 수둘랍바흐

33

많은 탄생 후

현자들은

모든 것에

신이 스며들어 있다는

것을 알게 된다.

이런 위대한 영혼들은

매우 드물다.

(7.19)

34

쁘라자하띠 야다 까만

사르완 빠르따 마노가딴

아뜨만예와뜨마나 뚜슈따하

스띠따 쁘라갸스 따도찌야떼

34

오, 빠르따여!

마음에 담긴

모든 탐욕과 (이기적) 욕망을 완전히 버리고

참나의 진리에 만족할 때,

그는 안정된 마음(지성, 지혜, 평화, 순수한 초월적 의식)의

사람이라 불린다.

(2.55)

35

비하야 까만야흐 사르완

뿌맘슈짜라띠 니스쁘르하흐

니르마모 니라한까라하

사 샨띰 아디갓짜띠

35

모든 (이기적) 욕망을 버렸고

바람이나,

집착이나,

자만심이 없이

자유로이 사는 사람은

평화라는 목표(우주적 의식)에 이른 사람들이다.

(2.71)

36

야스만 노드위자떼 로꼬

로깐 노드위자떼 짜 야흐

하르샤마르샤 바요드웨가이르

묵또 야흐 사 짜 메 쁘리야흐

36

(바다표범이 바다와 평화롭게 지내듯이

사람이 자신의 손발과 평화롭게 지내듯이)

그는

그 자신과 평화롭게 지내며

모든 존재들과도 평화롭게 지낸다.

(온 세상이 자신의 몸인 것을 알아)

자만심과 분노와 두려움이 없는 사람을

나는 지극히 사랑한다.

(12.15)

37

마나빠마나요스 뚤야스

뚤요 미뜨라리빡샤요흐

사르와람바빠리띠야기

구나띠따하 사 우찌야떼

37

(하늘이 계절에 닿지 않고 있듯이)

존경과 모욕이 같으며

친구와 적이 같으며

여러 활동을 하지만

활동에

아무런 의도가 들어가 있지 않은 사람은

세 구나[15] 너머로 갔다.

(14.25)

---

15 (옮긴이 주) mode. 특성 혹은 속성. 이 경우 세 속성은 삿뜨바, 라자스 그리고 따마스. 자연의 힘 너머로 간 사람

38

야스뜨브 아뜨마 라띠르 에와 시야드

아뜨마 뜨르쁘따슈 짜 마나바흐

아뜨만 에와 짜 산뜨슈따스

따시야 까르얌 나 위디야떼

38

자신의 참나의 희열에

완전히 만족하고

행복하고

충족감을 느끼기에

그는

행위에 대한 집착으로부터

쉽게 자유로워진다.

(그는 이 세상에서 아무런 해야 할 일이 없다)

(3.17)

39

나이바 따시야 끄르데나르또

나끄르떼네하 까쉬짜나

나 짜시야 사르와부떼슈

까쉬찌드 아르따비야빠쉬라야흐

39

(자신의 욕망이 이루어지면 모든 연장을 내려놓듯이)

그는 아무런 할 것이 없다.

그는 무엇을 하여 얻는 것이 없으며

무엇을 하지 않음으로 잃는 것이 없다.

그는 누구에게도

의존하지 않는다.

(3.18)

40

야드르짤라바 산뚜슈또

드완드와띠또 비마뜨사라흐

사마흐 싯다와싯다우 짜

끄르뜨와삐 나 니바디야떼

40

신이 주는 무엇에나 만족하며

반대되는 쌍들 너머로 올라섰으며

부러움이 없으며

행복과 슬픔이 하나인 사람은

일해도 묶이지 않는다.

(4.22)

41

이쉬와라흐 사르와 부따남

흐릇데세르주나 띠슈따띠

브람마얀 사르와 부따니

얀뜨라룻다니 마야야

41

신은 모든 존재의 가슴에 있다.

오, 아르주나여!

신은 그분의 쁘라끄리띠의 힘[16]으로

모든 존재를 마치 꼭두각시처럼

그들의 운명에 따라

선회하게 한다.

(18.61)

---

16 (옮긴이 주) 놀라운 자신의 힘

42

땀에와 샤라남 갓짜

사르와 바웨나 바라따

땃쁘라싸닷 빠람 샨띰

스따남 쁘랍시야시 샤쉬와땀

42

오, 바라따의 후예여!

그대의 온 존재를 다 하여

그분에게 피난하라.

그분의 은총으로

그대는 지고한 평화와

영원한 상태(참나라는 왕국의 왕)에 이를 것이다.

(18.62)

샤로야미하 샤라시야

기따야하 수위라자떼

샹그르히또 바가와따

라마나네 마하리쉬나

—

바가반 슈리 라마나 마하리쉬께서

선정한

기따의 정수는 이렇게 빛난다.

야하 슬로깐쉬랏다야디떼

드위짜뜨와림샤 샹끼야깐

소디가띠야 뚜

기따야스따뜨빠리얌 수깜르짜띠

–

진지하게 그리고 헌신적으로

이 42 노래를 공부하는 사람은

《바가바드 기따》가 전하고자 하는 지식을

쉽게 얻을 것이다.

해 설

유사 이래 인류가 추구해 온 영원한 진리란 과연 무엇인가? 너무
도 덧없고 고통으로 가득 찬 이 삶 속에서 어떻게 하면 진리를 깨
달을 수 있는가? (이 책의 첫 노래에서 암시하는 이러한 의문에 답하여) 슈
리 크리슈나는 "너 자신을 알라."고 하는 영원한 지혜의 가르침을
전한다. 바가반 슈리 라마나 마하리쉬의 가르침의 정수이기도 한
이 권고는 진지한 구도자에게 참나 지식의 직접적인 방법으로서
"나는 누구인가?"를 묻게 한다.

헌신자의 요청에 응하여 슈리 라마나 마하리쉬는 이 지혜의 가르
침을 알기 쉽게 전하기 위해《바가바드 기따》의 700개의 노래 가
운데 42개의 노래를 선택하였으며, 이 책《천상의 노래, 바가바드
기따의 정수》에서 보듯이 특정한 순서로 배열하였다.

강조점이 주로 지식의 길$^{\text{jnana marga}}$과 헌신의 길$^{\text{bhakti marga}}$에 주어져
있다. 갈망이 없는 행위의 길$^{\text{nishkama-karma}}$도 은연중에 내포되어 있

다. 사실, 슈리 라마나 마하리쉬에 따르면, 오직 갸니^{jnani}만이 훌륭한 까르마 요기가 될 수 있다.

여기에 실린 42개의 노래는《바가바드 기따》의 정수를 담고 있다. 그것들은 또 유사 이래 인류가 추구해 온 궁극의 목표인, 하나^{one}로 있는 존재-의식-희열^{Sat-Chit-Ananda}, 참나 절대자^{Self Absolute}를 깨닫는 직접적인 방법도 보여준다.

따라서 추구하는 영원한 진리는 하나^{One}이고 불변하다. 그리고 그것은 자신의 안에 있다. 우리의 존재의 바깥에 있는 것은 모두 무상하며 변한다. 그러므로 자신의 안에 있는 진정한 진리를 찾으려면 바깥에 있는 모든 것들을 포기해야 한다. 구도자는 몸과 주변 환경 등 바깥에 있는 모든 것들로부터 마음을 거두어들이고, '나라는 생각'을 추적하여 그것의 근원인 참나를 찾아야만 한다.

일시적이며 영원하지 않은 몸, 마음 및 세상과 구별되는 하나의 영원한 실재인 아뜨만, 즉 참나를 알고 깨닫기 위한 자신의 안으로의 이 탐구는 '들'과 '들을 아는 자'에 대한 지식으로 언급된다. 진실로 신 그 자신이고, 지고한 존재이며, 영원이고 무한인, 가슴 안에 거주하고 있는 이 참나를 아는 것이 바로 진리를 깨닫는 것이다.

지고한 신은 참나와 동일한 들을 아는 자(끄세뜨라갸)이다. 그것은 참나와 동일하다. 나를 '들을 아는 자'로 알라고 말한다. 그리고 다음 노래에서 "나는 모든 존재의 가슴에 거주하고 있는 참나이다."라고 선언한다. 그러므로 참나에 대한 지식은 모든 존재의 시작이요, 중간이며, 끝인 지고한 존재, 영원한 실재에 대한 지식이다(노래 2 ~ 노래 4).

참나 즉 지고한 존재는 태어난 것이 아니며, 영속하며, 영원하며, 태초부터 존재한다. 참나는 영원하지만 몸은 무상하다. "그(참나)

는 몸이 죽임을 당해도 죽지 않는다."는 말은 이 차이점을 분명히 지적하는 말이다.

마찬가지로, 몸 안에 거주하고 있는 참나가 우주적 실재와 동일하다는 점을 지적하기 위해 〈노래 10〉에서는 어디에나 있는 참나가 몸속에 있어도 오염되지 않는다고 말한다. 참나는 변하지 않으며, 어디에나 있으며, 하나이며, 절대적이다. 참나는 스스로 빛난다, 그것에 의해 다른 모든 것이 알려진다. 그러므로 태양이나 달, 불도 그것을 빛나게 할 수 없다.

그런 것이 순수하고 영원한 존재, 존재-의식-희열인 아뜨만이다. 그것은 사실 당신 자신이다. 당신은 죽거나 부패하는 몸이 아니며, 구나들에 좌우되는 마음도 아니다.

〈노래 4〉에서 〈노래 11〉까지 8개의 노래에서 묘사된 아뜨만의 본

질에 대해 깊이 묵상하고 그리고 자신이 순수하며 영원한 참나임을 늘 상기한다면, 마음은 고양되고 삶을 바라보는 관점은 숭고해질 것이다. 이같이 묵상하고 끊임없이 참나를 자각하면, 무지에서 비롯된 그릇된 애착은 사라지고, 삶에 대한 통찰력이 드러날 것이다. 이 통찰력은 삶의 모든 모습을 껴안고 서로 조화롭게 하며, 삶이라는 덧없는 존재를 초월할 것이다.

참나, 지고자, 인성을 넘어선 존재impersonal Being를 깨달은 그들은 환영의 삶으로 돌아가지 않는다. 왜냐면 그들은 모든 착각의 뿌리인 갈망과 집착, 마음의 모든 결점을 극복함으로써 초월의 상태에 이르렀기 때문이다(노래 12 ~ 노래 13).

그러므로 진지한 구도자로 하여금 경전의 도덕적 가르침을 충실히 따르게 하여, 미묘한 갈망의 먹이가 되지 않게 하라. 의무라는 감각으로부터 행위를 하지 않고, 마음을 달래거나 감각에 영합함으로써 평화와 행복을 찾기를 기대하면서 갈망의 영향 아래에서 행위를 하는 사람은 곧 환멸을 느낄 것이다.

그러나 환멸에도 불구하고, 그 사람은 어쩔 수 없이 어리석은 길을 따를 것이다. 왜냐면 자신을 노예로 만들어 버린 그 갈망을 포기할 수 없기 때문이다. 갈망은 만족을 모른다. 갈망은 채워질수록 더 커진다. 어떤 갈망이 충족된 것처럼 보일 때도, 무엇인가 부족하고 불완전하다는 느낌은 도리어 더 커질 것이다.

쾌락을 추구하고 갈망에 휩쓸리는 사람은 경전의 가르침을 어기게 된다. 결국에 그 사람은 평화도 행복도 얻지 못했다는 것을 발견한다. 그리고 또한 완전한 삶을 영위함으로써 실현되는 지고한 희열도 누릴 수 없게 된다(노래 14). 모든 생물과 무생물을 자신의 갈망을 채우는 대상이 아니라 불멸의 신의 영속하지 않는 현현으로 보는 사람만이 지속적인 평화와 진리를 깨달을 수 있다. 이러한 통찰력을 가진 사람은 바람과 착각으로부터 늘 자유롭다(노래 15).

신은 참나와 동일하다. 신은 모든 존재의 가슴속에 거주하고 있다. 참나를 추구하며 가슴속에서 그것과 하나로서 머무는 것은 지식이며 동시에 헌신이다. 이 경지에서는 '다른 것'이라는 관념은 없다. 이처럼 '다른 것'이라는 관념이 티끌만치도 없을 때 신이 보이고, 알려지고, 사실 하나될 수 있다. 확고한 믿음과 열렬한 의지를 가진 구도자만이 이런 깨달음을 얻을 수 있다. 믿음과 열성이라는 두 가지 덕목이 없으면 꾸준히 노력할 수 없기 때문이다(노래 16).

〈노래 17〉과 〈노래 18〉에서는 믿음과 진지한 노력이 중요하며 또 필수적임을 설명하고 있다. 사람의 기질nature은 그 사람이 가지고 있는 믿음과 여타의 것들로 이루어져 있다. 자신의 삶의 추구가 무엇이든지 간에, 사람은 자신의 행위의 원칙에 관련한 나름의 확신에 기초하여 행동한다. 그러한 확신은 대부분 여러 측면에서 삶과 사회에 대한 자신의 행동이나 반응의 결과로서 무의식적으로 주로 자랐을 것이다.

예를 들어 어떤 사람은, 스스로 의식하지 못하거나 표현하지는 않아도, 재산이 많으면 행복할 것이라는 확신을 가지고 있을 수 있다. 그러면 그 확신은 결국 그의 삶과 행위를 지배할 것이다. 반대로, 그 사람이 만약 도덕률의 우위에 대한 확고한 믿음을 가지고 있고 바르게 행동하는 삶만이 가치 있는 노력임을 믿는다면, 행위의 일어남은 앞의 경우와 상당히 다를 것이다. 그 사람은 자신이 믿고 있는 이상의 화신이 된다. "가지고 있는 믿음이 바로 그 사람이다."라는 격언은 이 점을 말하고 있다(노래 17).

이러한 믿음의 소유는 인간의 대단한 성취이다. 변덕스러운 마음과 반항적인 감각들은 다른 방법으로는 가라앉힐 수 없다. 그러나 확고한 믿음으로 열렬히 이상을 추구한다면 쉽게 정복할 수 있다.

반대로 마음과 감각을 얼마나 잘 다스리는지를 보면 그 사람에게 이러한 믿음이 있는지 여부를 알 수 있다.

강한 믿음과 꾸준한 노력으로 마음과 감각이 가라앉혀지면, 참된 행복은 자신 안에 선천적으로 가지고 있는 본질임을 알게 된다. 우리는 아뜨마니슈따, 즉 아뜨만 안에 확고히 있음으로써, 그 사람은 지고한 희열과 완전한 평화를 깨닫는다.

그러므로 구도자로 하여금 《바가바드 기따》의 다음 노래를 행위의 지침으로서 마음속에 간직하게 하라. "감각을 정복한 사람이 진지하고 성실하게 요가를 수행하면, 참나에 대한 지식을 얻는다."(노래 18)

다음 세 노래 즉 〈노래 19〉에서 〈노래 21〉까지는 신의 자비에서 오는 은총을 말하고 있다. 이 은총이 없이는 깨달음은 불가능하다.

구도자가 지녀야 하는 꼭 필요한 덕목 두 가지가 있다. 그것은 절대적인 성실과 타고난 겸손이다.

전자가 없이는 진리에 결코 접근할 수 없다. 후자가 없이는 아무리 열심히 노력하고 아무리 높은 지성을 가지고 있더라도 지혜를 얻기가 어렵다. 겸손은 나약한 사람의 것이 아니라, 믿음과 헌신이라는 견고한 갑옷을 입고 있는 사람의 것이다. 겸손한 사람은 학식이 있는 사람이 자신의 신념에 반대되는 말을 할지라도 결코 흔들리지 않는다. 그러한 사람은 꾸룩세뜨라의 전투에서 전투 나팔 소리가 울리기 전에 이미 반은 승리한 사람이다.

겸손이 정말로 무엇인지 아는 사람, 겸손이 없이는 어떠한 덕목도 실로 가능하지 않다는 것을 아는 사람, 지혜의 길은 겸손의 낮은 골짜기에 놓여 있음을 아는 사람은 모든 덕목 중에서 겸손이라는 덕목이 축복을 받은 성품이라는 것을 안다.

왜냐면 신의 자비에서 오는 은총을 끌어들이는 것은 믿음과 헌신
으로부터 분리할 수 없는 겸손이기 때문이다.

자아의 소멸 없이는 깨달음은 없다. 신의 은총의 손길이 없이는
자아의 소멸은 불가능하다. 오만은 무지에서 생긴다. 그것은 우리
의 시야를 가려 암흑과 파괴의 길로 나아가게 한다. 겸손은 이해
에서 생긴다. 그것은 우리에게 지혜를 주어 빛과 해방으로 인도한
다. 빛은 참나 절대자$^{Self\ Absolute}$이고 지고한 신이다. 참나 깨달음은
해방이다.

'참나 속에 거주하는'이라는 말은 신의 은총이 어떻게 작용하는지
를 구도자에게 알려주는 중요한 표시이다. 신의 은총이 드러나게
하려면 자신의 안을 탐구해야 한다. 마찬가지로, 지고한 진리를
깨닫기 위해서는 자신의 안을 탐구해야만 한다(노래 19 ~ 노래 21).

식별과 이해를 통과하여 우리는 참나의 진정한 성품을 알아야 한다. 감각과 마음, 지성을 차례로 평가함에 있어서, 〈노래 22〉는 탐구의 방향을 가리키고 있다. 그것들은 단지 지식의 도구에 불과하다. 그것들은 외부의 대상을 드러낼 뿐이다. 그것들은 당신 자신이 아니다. 그것들은 당신의 진정한 본성을 보여주지 않는다. 당신은 그 모두를 초월하여 있기 때문이다. 그러나 대상에 대한 지식의 영역에서는 감각들의 힘은 강하다.

눈은 작지만 헤아릴 수 없이 먼 곳에 있는 행성을 보여준다. 감각들과 마음은 아름다움을 분별하는 미적 감각을 줌으로써 당신을 매혹시키고, 당신을 위해 예술의 세계를 만들었다. 당신의 지성은 자연의 신비를 당신에게 밝히고, 당신을 위해 과학의 세계를 만들었다. 지성이 이룩한 이 과학은 또한 몇 세기에 걸쳐 이룩한 것을 눈 깜짝할 사이에 파괴할 수도 있다. 그러므로 감각들과 마음과 지성은 대단한 것이다.

하지만 당신은 예술이나 과학이 제공하고 이룩하고 파괴할 수 있는 그 모든 것들을 훨씬 더 능가하는 존재이다. 만약 감각들과 마음과 지성이 위대하다면, 당신은 훨씬 더 위대해야 한다. 당신은 그것들의 주인이다. 그것들은 당신으로 인해 존재하게 되었고 당신을 섬기기 때문이다.

당신은 진실로 지고한 참나이다. 이것을 알면 오만하거나 이기적이 되는 것이 아니라, 마음과 지성 너머에 있는 진리를 겸손한 태도로 찾게 된다. 당신을 섬기는 도구들이 주는 것에 만족하고 진정한 자신인 참나를 모르고 있다면, 이것은 무지가 아니고 무엇이겠는가?

삶 속의 다른 모든 것들처럼, 마음과 지성은 사람의 소유물에 불과하다. 그것들은 사람을 위해 존재한다. 그것들은 사람이 없이는 기능하지 못한다. 참나를 깨닫는 수단으로서 삶을 영위하지 않는

다면,

인간의 삶은 아무런 궁극적, 영구적 가치도 지니지 않는다. 그러므로 선한 목자인 예수는 이렇게 물었다. "만약 사람이 온 세상을 얻어도 영혼을 잃는다면 무슨 유익이 있겠습니까?" 그러니 그대 자신을 알라. 최고의 지식이 최고의 성취이다(노래 23).

감각들과 마음, 지성을 초월하여 있는 참나를 아는 지식, 당신을 진실로 이롭게 할 이 지식을 얻는 것은 당신의 노력 여하에 달려 있다.

참나를 알고자 하는 사람은 반드시 갈망을 포기해야 한다. 갈망은 참나 아닌 것에 관계하게 한다. 갈망을 찾는 자는 길을 잃고 참나에서 멀어지기 때문이다. 갈망은 사람에게 치명적인 적이다. 갈망은 매혹적인 모습을 취한다. 그래서 마음의 저항 의지를 무너뜨리는 마력을 지니게 된다. 갈망은 사람을 행복하게 하는 것 같지만, 실은 사람을 감각들과 마음을 즐겁게 하는 대상의 노예가 되게 한다. 그러므로 마음이 짜 놓은 마야의 베일에 덮인 사람은 결코 참나를 알지 못한다.

갈망은 가장 주의 깊은 구도자의 힘으로도 파괴되지 않는다. 그러므로 갈망은 〈노래 23〉에서 말하듯이 '정복하기 어려운 적'으로 불린다. 마음을 참나에 완전히 맞추거나 참나로써 자아를 흔들리지 않도록 하지 않고서는 갈망을 정복할 수 없다. 마음을 참나에 완전히 맞추거나 고정시키려면, 도덕적 가르침을 잘 지키고 확고한 믿음으로써 지고한 존재에게 헌신해야 한다.

다음 노래로 넘어가기 전에, 〈노래 22〉에서 〈노래 28〉까지에 담겨 있는 일련의 개념들에 대해 중요한 점을 살펴보자.

〈노래 22〉와 〈노래 23〉에서는 사다까 즉 구도자에 대해 말하고 있다. 구도자란 자기 수련을 통해 자신을 완벽하게 하는 사람이다.

변덕스럽고 방황하는 마음을 다스리는 방법과 고요의 점진적 실현에 관하여 언급하고 있는 〈노래 27〉과 〈노래 28〉은 구도자에게 적용되는 내용이다.

반면에 중간에 있는 〈노래 24〉부터 〈노래 26〉까지는 가장 높은 경지를 깨달은 현자에 관한 내용이다. 그렇다면 이러한 의문이 생긴다. "이 노래들이 배열된 순서는 왜 앞뒤가 바뀌어 있는 것일까?"

그것은 이렇다. 현자의 초월적 경지를 묘사하고 있는 앞의 세 노래는 진지한 구도자가 열망하고 실현해야 할 영적 이상의 구체적인 내용을 얘기하고 있다. 또 진지한 구도자에게, 기쁨에 넘치는 평화를 발산하는 현자의 현존을 찾고, 내면으로는 참나의 희열을 찾아야 한다는 실제적인 지침을 제공하고 있다.

《바가바드 기따》의 다른 노래들을 보면, 갸나를 깨달은 상태에서는 모든 행위가 아무런 잔재도 남기지 않은 채 완료된다고 한다. 이 선언에 대한 필연적인 결과로서, 《바가바드 기따》는 구도자에게 다음과 같이 명령한다.

"현자 앞에 (모든 존경을 다하고 내면에서 우러나는 겸손의 정신으로) 꿇어 엎드리고, 진리에 대하여 끊임없이 묻고, 마음을 다하여 섬기면서, 깨달음을 얻은 그들에게 진리를 배워라. 그들은 그대를 적절하게 가르칠 것이다."

〈노래 22〉에서 〈노래 28〉까지 특정한 순서로 배열된 것은 바로 《바가바드 기따》의 이러한 직접적인 명령이다. 갈망을 정복하기로 마음먹은 구도자는 현자를 향하게 된다. 그의 현존 안에서 마음의 순수(갈망으로부터의 해방, 노래 23)와 내적 평화(생각으로부터의 해방, 노래 27과 노래 28)를 얻을 것이다.

(노래 17과 노래 18에 언급되어 있듯이) 이상에 대한 헌신과 목적에 대한 열성을 얻으려면, 또한 성실히 내적 평화의 길과 참나 맞춤에 고수하려면, 그 사람은 우선 현자를 찾아야 한다. 현자는 언제나 참나 안에 있다. 그의 삶과 일상의 모든 행동은 그가 깨달은 지혜를 드러내고 있다. 당신은 현자의 인자한 현존 안에서 내적 평화에 대한 깊은 체험은 물론, 이해에서 우러나오는 지혜를 얻을 것이다.

그리하여 비록 겉으로는 행위를 하고 있어도 당신 존재의 근원은 삶의 행위에 영향을 받지 않는다는 것을 점점 더 깊이 느끼게 될 것이다. 삶 속에서 일어나는 현자의 행위와 참나 안에 있는 현자의 고요한 몸가짐을 그의 가르침에 비추어 관찰함으로써, 당신은 니슈까마 까르마(갈망이 없는 행위)와 그것을 실제로 삶에 적용하는

원리, 즉 어떤 애착도 없이 유익한 행위를 하는 원리를 터득하게
될 것이다.

다음 노래에서 기따의 길 속에 독특하게 표현되고 있는 것은 바로
이 개념이다. "일 없음 속에서 일을 보고 일 속에서 일 없음을 보는
자, 그는 사람들 가운데 지혜로운 자이며 모든 일을 하면서도 참
나와 조화를 이루는 자이다." 사실 갸니는 이상적인 까르마 요기
이다. 그는 바람이 없이 행동하며 그의 까르마는 지식의 불길 속
에서 타 버렸다.

갸니는 세 가지 까르마 즉 과거, 현재, 미래의 까르마로부터 자유
롭다. 그는 과거의 까르마로부터 자유롭다. 왜냐면 그에게는 바사
나 즉 경향성들의 있음에 기인하는, 행동에의 갈망이나 욕구가 없
기 때문이다. 갸니는 바사나들로부터 자유롭다. 왜냐면 바사나들
을 지니고 있는 사람은 결코 현자가 아니기 때문이다.

갸니는 현재의 까르마로부터 자유롭다. 왜냐면 그는 행위를 하고 있을 때도 행위 없음으로 있기 때문이다. 기따의 말에 의하면, 그는 행위 없는 브람만 속에 거주함으로써 행위 없음 속에서 행위를 본다. 그 행위 없는 브람만에의 거주는 그의 삶에서 대단한 행위가 된다.

마지막으로, 그는 미래의 까르마로부터도 자유롭다. 왜냐면 과거의 까르마는 바사나들이 파괴되면서 소멸되었다. 겉보기에는 행위하는 것처럼 보이지만, 행위 없음의 상태 속에 늘 거주함으로써 현재의 까르마가 해가 없는 것이 되었기 때문이다. '타 버렸다'라는 구절은 이 세 가지 까르마의 완전한 소멸을 의미한다(노래 24~노래 26).

(당신의 존재와 동일하며 신의 화신인) 구루의 은총을 통하여 깨달을 수 있는 이 초월의 상태는 구루가 나타내고 있는 진리의 원인에 대한

이기심 없는 섬김을 필요로 한다. 이것은 변함없는 믿음과 헌신으로 꾸준히 노력함으로써 얻을 수 있다.

완전함에 이를 때까지, 당신은 당신의 개인적 노력을 그만두어서는 안 된다. 마음이 그것의 근원인 참나로 돌아가게 함으로써 마음을 완벽하게 다스릴 수 있을 때까지 노력해야 한다.

마음의 통제 없이는 명상은 불가능하다. 생각이 일어날 때마다 모든 생각을 거절하고, 당신은 진정한 존재 자체로 있어야 한다. 참나는 늘 여기에 있다. 당신은 참나가 그러하다는 것을, 즉 절대적 존재—절대적 의식임을, 생각의 근원임을 깨달아야 한다. 이 근원인 진정한 가슴에 닿으려면, 모든 종류의 생각을 뿌리 뽑아야 한다.

그러므로 기따는 "생각의 완전한 근절은 마음의 파괴를 의미한다."고 말한다. 마음은 생각의 다발에 불과하기 때문이다. 참나 절대자$^{Self\ Absolute}$ 즉 둘이 없는 하나인 분인 브람만을 깨닫는 것은 마음을 파괴하지 않고는 불가능하다. 마음은 마야의 베일 그 자체이다. 베일이 제거될 때 참나는 하나^{one}로서, 스스로 존재하는 실재로서 빛난다.

생각을 근절하려면, 마음이 항상 자기 존재의 핵심을 향해 있어야만 한다. 마음은 참나 절대자의 영향을 받아 소멸할 때까지 항상 참나의 영향 아래에 있어야 한다. 참나에 고정되어 있어야 한다. 마음의 속성은 변덕스럽고 불안정하다. 마음은 감각에 의하여 쉽게 좌우되기 때문이다. 감각들을 통제하기 위해서는 우선 마음을 반드시 통제해야만 한다.

해방을 찾는 자는 지성까지 정복함으로써 그의 온 존재가 오직 해방을 향한 열망만을 갖도록 해야 한다. 구도자는 감각과 마음과 지성을 통제하면 할수록 말로 표현할 수 없는 자유의 기쁨을 더 많

이 깨닫게 될 것이다. 이 기쁨은 본래 자신의 존재 안에 있다. 오직 갈망과 두려움, 분노에서 벗어날 때 얻을 수 있다.

갈망, 두려움과 분노는 이원성을 전제로 한다. 이원성은 마음에 기초를 두고 있다. 소유하거나 어떤 일을 하려는 것도, 소유하지 않으려 하거나 어떤 일을 하지 않으려는 것도 갈망이다. 바라던 것에 손실이나 해를 입을 것이라는 생각, 또는 바라지 않는 일이 생길 것이라는 생각이 두려움이다. 바라던 것을 잃을 것이라는 두려움, 바라지 않던 일을 받아들이거나 견뎌야 한다는 두려움에 따르는 공격적 행동에의 충동이 분노이다.

그러므로 마음의 이 세 가지 악은 서로 밀접하게 연결되어 있다. 갈망이 없으면 두려움이 없고, 두려움이 없으면 분노가 없다. 이 세 가지 모두는 이원성이라는 감각이 없이는 존재할 수 없다.

이원성을 일으키는 마음, 마음의 필연적 결과로서 일어나는 갈망과 두려움, 분노라는 악을 소멸시키는 직접적인 방법은 오직 아뜨마니슈따 뿐이다. 그것은 아뜨만 즉 참나 안에 확고하며 흔들리지 않게 거주하는 것을 의미한다. 그것은 아뜨만의 단일성^{Oneness} 속에 본래부터 갖추어져 있는 상태이다. 그러므로 아뜨마니슈따에는 이원성의 여지가 없다. 아뜨마니슈따가 사하자^{sahaja} 즉 자연스럽게 일어날 때, 이원성은 영원히 소멸된다.

구도자가 아뜨마니슈따 안에 완성을 얻을 때, 그는 자신이 여태까지 찾아온 해방이 바로 참나의 본성$^{very\ nature}$이며, 그것은 자신의 영원한 소유물로서 아무도 빼앗아 갈 수 없다는 것, 굴레란 단지 마음의 환영에 지나지 않는다는 것을 깨닫게 될 것이다.

마음이 파괴되고 굴레의 환영이 끝나게 되면, 그는 굴레와 자유너머에 있는 초월의 상태에 이를 뿐만 아니라, 삶의 모든 것을 완전히 평등하게 보는 통찰력을 얻게 될 것이다.

인간으로 하여금 이러한 평등한 시각을 갖지 못하게 방해하는 것은 마음속에 존재하는 갈망과 두려움 및 분노이다. 일단 마음이 파괴되면 마음의 나쁜 경향성 역시 파괴된다. 낮이 가면 밤이 오듯이, 마음이 파괴되면 평등의 시각이 자연스럽게 올 것이다.

"모든 존재 안에 참나가 있고, 참나 안에 모든 존재가 있다."는 말은 단지 다른 말로 기술한 것에 불과하다. 모든 존재 안에 있는 참나와 참나 안에 있는 모든 존재를 볼 수 있는 시각을 어떻게 얻을 수 있는가? 그것은 아뜨마니슈따, 즉 참나 안에 확고하게 거주함으로써 가능하다. 참나의 하나^{Oneness} 안에 항상 거주하는 현자는 모든 존재 속에서 참나를, 참나 속에서 모든 존재를 본다(노래 27 ~ 노래 30).

아뜨마니슈따, 즉 어떤 '다른 것'도 존재하지 않는 저 지고한 상태에서는 갸나와 박띠는 같다. 참나가 진실로 신 그분이므로, 참나에 맞추는 것은 곧 신에게 헌신하는 것이다. 자신의 삶을 지고한 존재에게 바치는 사람은 지속적이고 다함이 없는 신의 보호를 받는다. 현자가 신을 극진히 사랑하듯이 신도 극진히 현자를 사랑한다. 모든 곳에 편재하는 신의 품속으로 피난하는, 자신의 내면과 바깥의 모든 존재 속에서 초월적 존재의 하나^{Oneness}를 보는 그러한 현자의 탄생은 실로 드물다(노래 31 ~ 노래 33)[17].

---

17 독자는 "울라두 나르빠두"(실재 40 노래)에서 두 개의 축복의 노래를 발견할 것이다. 윗줄에서 표현하고 있는 생각과 그것을 설명하는 글도 이것이다. 즉 참나에 확고히 거주하는 것(갸나)은 지고한 신에게 절대적으로 복종하는 것(박띠)이다. 왜냐하면 신은 다름 아닌 참나이기 때문이다. 기따 경전은 이 입장을 아주 선명히 하고 있으며 또한 모든 가능한 의심을 뿌리치고 있다. 천상의 노래의 ⟨32 노래⟩는 하나^{One}에 집중된 헌신을 하는 갸니를 언급하고 있다. 이 노래의 두 번째 줄은 신에 대한 사랑을 지니고 있는 갸니를 신 그 자신과 같다고 서술하고 있다. (신 그 자신은 말한다. 갸니는 나 자신이라고 선언한다.) ⟨노래 33⟩에서 '갸니'라는 말이 다시 한 번 더 언급된다. 갸니는 전능한 신에게 피난한다. 이 두 노래와 설명의 글의 저류를 흐르는 중심 생각은 100페이지에 "신은 정말이지 참나이다."라고 설명되어 있다. ⟨노래 41⟩과 ⟨노래 42⟩는 같은 중심이 되는 생각 즉 신은 가슴에 거주하고 있다고 말하고 있다. 그에게 복종해야만 한다. 그러므로 "울라두 나르빠두"의 첫 번째 축복의 노래에서 기술되고 있는 아뜨마니슈따는 두 번째 축복의 노래에 언급되고 있는 신에게 절대적 복종의 내적인 의미와 동일하다. 아뜨마니슈따를 통하여 내면의 신과 자신이 같다는 것을 깨달은 갸니는 정말로 귀하다. 아뜨마니슈따는 모든 것의 참나인, 신에게 절대적으로 복종하는 것과 동의어이다.

존재가 하나라는 깨달음은 가장 높은 영적 성취이다. 그러한 깨달음이 없이는 갈망 등으로부터 자유로운 확고한 지혜를 얻을 수 없다. 참나에 의하여 참나 속에서 만족하는 사람만이 갈망으로부터 자유롭다.

반대로, 갈망을 포기하지 못하는 사람은 결코 참나에 의하여 참나 속에서 만족하지 못할 것이다. 갈망이 있다는 것은 무지의 표시이다. 그것은 마음의 고통이다. 갈망으로부터의 자유는 지혜이며 행복이다. 이것은 참나 속에서, 참나에 의하여 지극히 만족하는 상태이다.

모든 갈망으로부터 자유롭고 '나'와 '나의 것'이라는 생각이 없는 사람은 확고한 지혜를 가진 사람이다. 그는 언제나 참나 속에 거주하고 있음으로 그 자신과도 평화로우며 그리고 모든 존재와도 평화롭다. 그는 모든 창조물을 사랑하며, 적과 친구를 동등하게 사랑한다. 왜냐면 그는 그 자신 안에서 그리고 모든 곳에서 발견하는 신을 사랑하기 때문이다.

그는 참나의 통합^{unity}과 보편성^{universality}을 깨달았기에, 그는 모든 곳에서 참나만을 본다. 늘 참나 안에서 즐기며, 참나에 만족하며, 참나 안에서만 만족한다. 그러한 현자는 일하거나 하지 않을 필요가 어디에 있겠는가? 그가 누구를 위하여 일하거나 일을 그만두어야 하는가? 그가 일로써 무엇을 얻고, 일하지 않음으로써 무엇을 잃겠는가?

일 속에서 일 없음을 보며, 일 없음에서 일을 보는, 실로 유일하고 영원하며 불멸하는 존재로서 거주하고 있는 현자에게 일이라는 것이 도대체 어디에 있겠는가? 현자의 초월적 상태는 그러하다. 만약 현자가 일한다고 보는 사람이 있다면, 그것은 매이지 않고 모든 것을 포용하는 현자의 타고난 자비심이 겉으로 표현된 것임을 그에게 알게 하라(노래 34 ~ 노래 40).

마지막으로, 저 지고한 희열의 상태는 참나로서 가슴 속에 거주하고 있는 신에게 절대로 복종함으로 얻을 수 있다. 오직 그분의 은 총에 의해서만 영원한 거주처인 진정한 평화를 얻을 수 있다(노래 41 ~ 노래 42).

이것이 바가반 슈리 라마나 마하리쉬께서 우리에게 주신, 《바가 바드 기따》에 있는 바가반 슈리 크리슈나의 〈천상의 노래〉의 핵심 이다.

그분의 은총이 우리로 하여금 초월적 참나의 진정한 평화와 진정 한 희열을 깨달을 수 있게 하소서!

바가바드 기따 2

천상의 노래 ; 바가바드 기따의 정수

재개정판 1쇄 발행 2020년 3월 6일

지 은 이 라마나 마하리쉬
옮 긴 이 김병채

펴 낸 이 황정선
출판등록 2003년 7월 7일 제62호
펴 낸 곳 슈리 크리슈나다스 아쉬람
주   소 경상남도 창원시 의창구 북면 신리길 35번길 12-9
대표전화 (055) 299-1399
팩시밀리 (055) 299-1373

전자우편 krishnadass@hanmail.net
홈페이지 www.krishnadass.com

ISBN 978-89-91596-63-4   03270